AF262422

RÉPUBLIQUE

ET

PROSPÉRITÉ

I

Le Commerce, la République et les Monarchistes.

Dans leur haine pour la République, les coalisés des trois monarchies contestent et dénient la réalité de la prospérité publique qui, depuis quatre ans, prend des développements toujours croissants.

Avec la mauvaise foi qui les distingue, ils tentent par tous les moyens de la publicité de propager, de répandre des calomnies sur la situation économique de la France.

Tantôt ce sont leurs journaux et leurs publicistes, tantôt leurs hommes politiques dans leurs journaux ou leurs candidats dans leurs circulaires.

Il semblerait, à les entendre, que tout travail, que toute rémunération du travail doit inévitablement et nécessairement être en souffrance sous la République.

Naturellement, ce sont les bonapartistes qui se font entendre le plus bruyamment dans ce concert des coteries et des intrigues dynastiques.

Quoi qu'ils disent, l'Empire avait laissé une armée désorganisée, sans soldats, sans discipline, sans matériel, sans instruction, livrée à tous les pillages.

La République a réorganisé l'armée.

L'Empire avait ruiné toutes les sources de la production et du travail. Une perturbation complète régnait dans les diverses branches de nos administrations. Un luxe faux et immodéré, des sociétés financières véreuses, des travaux improductifs et insensés dans les villes absorbaient les épargnes des habitants.

La République a rétabli l'ordre dans les administrations civiles et dans les finances dilapidées.

Avec elle, la confiance est revenue, les hontes des trafics de l'Empire, de ses folies, de son luxe de mauvais aloi ont en partie disparu, la paix n'est pas un vain mot, le crédit a reparu, le travail a repris.

Les orléanistes, les bonapartistes et les légitimistes en sont au désespoir.

Depuis quatre ans, ne se sont-ils pas efforcés, sans reculer devant rien, d'arrêter la marche progressive des affaires, l'essor des industries manufacturières et agricoles, d'inquiéter par leurs intrigues et leurs complots la production et le commerce, ceux qui produisent et ceux qui échangent?

Après avoir entravé la Défense Nationale, n'ont-ils pas déchaîné sur la France et Paris la guerre civile, combattu à outrance et renversé à la longue M. Thiers et tous ceux qui ont voulu et veulent encore fonder une République définitive?

Vains efforts.

Les affaires n'en ont pas moins prospéré. Et, il est acquis aujourd'hui que la production nationale réalise depuis quatre ans des bénéfices tels qu'ils sont supérieurs à ceux de l'Empire.

Les faits, les chiffres sont là qui démontrent irréfutablement cette vérité.

Cette brochure a précisément pour but d'exposer ces faits et ces chiffres.

II

Le commerce sous l'Empire, M. Thiers et le Septennat.

M. Sénard, candidat républicain de Seine-et-Oise, s'écriait récemment dans sa circulaire :

« Au milieu des crises douloureuses que nous venons de traverser, c'est à la République que la France a dû son salut.

« C'est la République qui, sous la direction de M. Thiers, a relevé le pays comme par miracle des

désastres de toutes sorte attirés sur nous par les
fautes et par les folies de l'Empire.

« L'ordre rétabli dans toute la France, la libération du territoire obtenue avant le terme fixé par les
traités, le crédit public porté si haut que la dette de
cinq milliards s'est trouvée payée par un emprunt au-
quel le monde entier a voulu souscrire, et en même
temps, le retour de la confiance, *la reprise des affaires,
une activité commerciale et une prospérité inespé-
rées,* voilà ce que nous a donné la République. »

C'est « de cette activité commerciale et de cette
prospérité inespérée » que je me propose de donner,
de fournir toutes les preuves, en fondant mon
raisonnement sur les plus éloquentes et les plus
irréfutables, c'est-à-dire sur des chiffres.

Comme on le verra dans les lignes qui vont suivre,
le commerce n'a cessé de prospérer de 1871 à 1873
et d'étendre le chiffre de ses affaires jusqu'à la chute
de M. Thiers.

Mais, depuis l'avénement du 24 mai 1873, les
affaires commerciales, tout en maintenant leur plus-
value sur celles de l'Empire acquise depuis 1870,
ont perdu une partie de leur amélioration.

Plus les coteries monarchistes continueront d'occu-
per les hautes positions gouvernementales, plus les
affaires perdront des avantages qu'elles ont gagnés
depuis que le régime impérial ne met plus en coupes
réglées la production commerciale, industrielle et
agricole.

La progression régulière du commerce et des
affaires ne reprendra un nouvel essor, son cours et
sa marche ascendante que lorsqu'au lieu et place
d'une République provisoire, incertaine et sans lendemain, la France sera enfin dotée d'une République
stable, définie, assurée contre les surprises, les me-
nées, les complots, les révolutions monarchistes et
les coups de main parlementaires ou autres.

Si, sous la République provisoire, nous avons pu
assister à « *cette activité commerciale et cette prospérité inespérée,* » que confirment toutes les statistiques officielles, quel degré n'atteindraient-elles pas

sous une République définitivement proclamée, sous une vraie République, et surtout sous une République où le fonctionnarisme (ce socialisme officiel), cette plaie du commerce, de l'industrie, de l'agriculture et de la politique, serait réduit à sa plus mince expression, et où par conséquent les classes ouvrières, commerciales, industrielles et agricoles verraient se succéder toutes les réformes sociales et économiques qu'elles revendiquent avec patriotisme depuis tant d'années !

III

Nos exportations sous l'Empire et la République.

Nos exportations sous la République sont supérieures de beaucoup à celles de l'Empire.

Si nous avons exporté davantage de produits pour l'étranger, cet excédant d'expédition prouve que la production s'est accrue.

Plus l'on vend de produits, plus l'on produit ; mieux le travail national est rémunéré, plus les revenus bruts et nets des producteurs augmentent.

Or, pendant les sept premiers mois de 1865, la France a expédié pour 1,626,000,000 de francs de marchandises. Ces chiffres étaient descendus à 1,526,000,000 en 1868 et remontés à 1,756,000,000 en 1870. Voilà pour l'Empire.

Sous la République, au contraire, sous la présidence de M. Thiers, la France a exporté pour 2,022,000,000 de francs en 1872, et 2,219,000,000 en 1873, pendant les sept premiers mois de ces deux années.

Nous avons donc expédié des produits à l'étranger en 1873 pour 745 millions de francs de plus qu'en 1868, une des années les plus prospères de l'Empire.

Mais, en 1874, pendant les sept premiers mois, nos exportations se sont abaissées de 2,219,000,000 (1873) à 2,080,000,000. Voilà un des résultats du gouvernement du 24 mai. Ce qui n'empêche pas cependant que, sous ce gouvernement non défini, nous avons expédié pour 606 millions de francs de plus que sous l'Empire (1868).

Ces chiffres, empruntés aux statistiques officielles, témoignent que la République, même de nom, est encore plus favorable au commerce qu'une monarchie ou un empire.

Que l'on ne croie pas que c'est l'agriculture qui a fourni, à elle seule, ces excédants d'exportation. Car, si je détache des chiffres ci-dessus ce qui concerne les objets industriels et commerciaux, si je relève à part les marchandises exportées comprises dans le Chapitre spécial des Douanes intitulé : *Total des principaux objets fabriqués :* Tissus, modes, orfévrerie, bijouterie, horlogerie, ouvrages en peaux, meubles, tabletterie, mercerie, articles de Paris, etc., — ce relevé me permet de fournir le tableau suivant, qui présente d'une manière saisissante la comparaison entre les exportations de l'Empire et celles de la République pendant les sept premiers mois de chaque année :

Empire.............	1865...	957	millions.
	1868...	871	—
	1870...	1.017	—
République Thiers.	1872...	1.150	—
	1873...	1.247	—
Septennat	1874...	1.196	—

Cette statistique est plus désavantageuse pour l'Empire qu'elle ne le paraît au premier abord ; car, dans les chiffres de l'Empire, se trouvent les exportations de l'Alsace et de la Lorraine, et sans l'annexion de ces deux provinces à la Prusse, les chiffres de nos exportations, sous la République, seraient plus considérables.

Encore une fois, c'est donc dans des proportions colossales, que la France a vu, malgré la perte de deux provinces, ses affaires et ses exportations prendre de l'extension sous la troisième République.

Mais, depuis qu'au 24 mai, l'ordre moral s'est emparé du pouvoir, les affaires ont diminué.

À cet égard, quelques détails et quelques chiffres ne seront pas superflus.

Pendant les huit premiers mois de 1873, l'exportation de nos marchandises s'était élevée à 1,449 millions.

Elle est descendue, pendant les huit premiers mois de 1874, à 1,402 millions.

Les produits alimentaires et matières premières ont perdu 83 millions, les autres marchandises 4, les ouvrages en peaux et en cuirs 8, la bijouterie 9, les ouvrages en métaux 1, les modes 2, la confection et la lingerie 23, les tissus de soie 41, les grains 80, les vins 40, les eaux-de-vie et liqueurs 20.

Paris, dans toute l'année 1872, avait exporté aux Etats-Unis pour 200 millions de marchandises, savoir : nouveautés 90 millions, cuirs 17, articles fantaisie 7 et demi, passementerie 8, chapellerie 6 et demi, draps 13, soieries 7, bijouterie 700,000 francs. Cette exportation suivit son cours pendant les premiers mois de 1873, mais elle se restreignit à partir du 24 mai, de sorte que dans toute l'année 1873 elle se trouva réduite à 180 millions.

IV

Nos importations sous l'Empire et la République.

Quant à nos affaires à l'intérieur, leur prospérité s'est accrue parallèlement à celle de nos expéditions pour l'étranger.

C'est, en effet, un axiome économique que, plus la matière première entre en abondance dans un pays, plus le travail national se développe et plus la richesse s'accroît.

Une grande partie des matières premières importées en France pour s'y transformer, en ressort augmentée du prix de sa main-d'œuvre.

Les matières premières étant l'aliment indispensable de l'industrie, la quantité de matières premières consommées détermine la quantité de marchandises fabriquées.

L'activité de l'industrie se mesure à l'approvisionnement en matières premières, à la quantité de matières premières achetées.

Par exemple, la consommation de la houille, cette matière première par excellence, correspond au plus ou moins d'activité de l'industrie.

Comparons donc le chiffre de nos exportations de houille sous l'Empire et la République.

En dehors des charbons fournis par les mines françaises (17 millions de tonnes), la France en a consommé, importé, reçu de l'étranger, pendant les sept premiers mois de 1865, pour 67 millions de francs, et pendant les années suivantes :

Empire...... {	1869....	66 millions.
	1870....	72 —
Rép. Thiers. {	1872....	78 —
	1873....	176 —
Septennat....	1874....	125 —

Il est vrai qu'une grande crise houillère a sévi sur l'Europe en 1872 et 1873.

Mais, bien que la houille ait haussé en Angleterre de 150 0/0, en Belgique de 120 0/0, en France de 50 à 80 0/0, il résulte de l'énorme disproportion entre les importations de l'Empire et de la République que l'industrie sous la République consomme plus de houille que sous l'Empire.

Ce que nous venons de dire sur les houilles peut tout aussi bien être appliqué aux principaux produits naturels et principales matières nécessaires à l'industrie, tels que laines brutes, cotons, soies brutes, bourres de soie, matières tinctoriales, métaux, minerais, peaux brutes, bois à ouvrer, suifs, chanvre, écailles, fanons, cornes, caoutchouc, gutta-percha, nitrates de potasse et de soude, produits chimiques, cochenilles, etc.

Malgré la séparation de la Lorraine et de l'Alsace, et de leurs établissements manufacturiers, ceux de Mulhouse notamment, les importations de ces principaux produits naturels et de matières premières ont dépassé depuis 1870 celles de l'Empire. L'activité industrielle a eu à satisfaire à une consommation intérieure plus élevée de ces marchandises.

Nous en avons importé pendant les sept premiers mois de 1865 pour 1.024,000,000 de francs, et puis :

Empire. . . 1869. 1,105 millions
République . { 1872. 1.151 —
{ 1873. 1,206 —

V

Les recettes des chemins de fer sous l'Empire et la République.

L'activité croissante et intérieure des affaires est encore démontrée par l'amélioration de nos recettes de chemins de fer.

Les recettes kilométriques des *anciens réseaux* sont supérieures à celles de l'Empire.

Les anciens réseaux ont transporté en 1873 plus de marchandises et de voyageurs qu'en 1869, l'année la plus prospère de l'Empire.

Leurs recettes kilométriques ont monté de 80,000 francs (1869) à 91,000 (1873) sur l'ancien réseau du Nord, de 63,000 à 81,000 sur l'Est, de 59,000 à 71,000 sur Lyon, de 44,000 à 57,000 sur le Midi.

En comparant les recettes des premiers semestres de 1874 et de 1869, on voit que le produit kilométrique de l'ancien réseau présente une augmentation totale de 13,45 0/0 pendant ces six années.

Qui pourrait nier, en face de ces chiffres officiels, que la République n'a pas donné plus d'entrain au travail du pays malgré les complots des monarchistes ?

Qui pourrait nier que la République n'a pas fait circuler depuis 1870 sur ses voies de communication plus de marchandises produites en plus grandes quantités ?

Que si maintenant nous mettons en regard les recettes kilométriques sous la République Thiers et le Septennat, nous constatons qu'elles ont donné en moins depuis un an, 6,70 0/0.

VI

Les ouvriers et les travaux publics sous l'Empire et la République.

J'ai, dans des brochures récentes, fait ressortir les vérités suivantes dont l'importance a été heureusement saisie et qui ont été reproduites par tous les organes de la presse républicaine :

« Il y a trente ou quarante ans qu'a commencé à se produire dans l'Europe entière une grande révolution économique. Depuis lors, le niveau des fortunes s'est élevé et les classes industrielles et agricoles de l'Europe ont joui d'une misère inférieure à celle des régimes antérieurs. Cette révolution économique a été le résultat de la création des chemins de fer. En effet, les chemins de fer en livrant au commerce des produits manufacturiers et agricoles qui restaient dans le pays ou ne se produisaient pas faute de débouchés, ont nécessairement entraîné avec eux l'extension des voies départementales et vicinales, et à ce double point de vue excité la production industrielle et rurale dans de sensibles proportions. Voilà tout simplement comment les classes ouvrières, manufacturières et agricoles de l'Europe ont vu leur situation s'améliorer pendant ces quarantes dernières années.

Or, l'Empire eut la bonne fortune de s'établir au moment même où les chemins de fer entraient dans leur période de développement. Il ne pouvait pas évidemment arrêter complétement dans son essor l'élan donné à la création, à l'exploitation des voies ferrées. Mais je dois dire à sa charge que, malgré la supériorité incontestée du climat, du sol et des richesses inépuisables de la France, l'Empire y fit ouvrir sept fois moins de chemins de fer qu'il en fut ouvert en Angleterre, en Suisse, aux Etats-Unis, en Belgique, en Hollande et en Allemagne. En outre, tels furent ses errements malhonnêtes que les frais de transport y devinrent trois fois plus élevés que dans d'autres pays. »

Eh bien ! s'il est vrai que les chemins de fer sont le principal agent de l'activité, de la prospérité moderne, s'il est vrai que c'est principalement des chemins de fer que les affaires reçoivent leur développement, s'il est vrai qu'au point de vue général on doit placer au premier rang de l'utilité publique l'extension des voies ferrées, — l'Empire a donc commis un véritable crime de lèse-nation en ne donnant pas aux chemins de fer la même impulsion qu'aux embellissements de Paris, en dépassant toutes mesures pour ces derniers, en restant sous le rapport de l'étendue des chemins de fer au dernier rang des peuples de l'Europe occidentale, des nations industrielles de l'Europe, telles que la Belgique, l'Angleterre, l'Allemagne, la Hollande, le Luxembourg, la Suisse.

Tels n'ont pas été les errements de la République française.

Depuis 1871, tous les chemins de fer qu'elle a livrés à l'exploitation tendent à nous relever de notre désastreuse infériorité.

Jamais on n'a autant travaillé à la construction des chemins de fer que depuis cette époque.

Jamais les travaux d'utilité publique n'ont pris plus d'extension en province.

Jamais ils n'ont occupé plus d'ouvriers.

Les Compagnies n'y dépensent pas moins de 300 millions par année.

En 1873, 1252 kilomètres de nouveaux chemins de fer ont été ouverts à la circulation.

Je le demande aux royalistes et aux bonapartistes, est-ce qu'autant de travaux utiles ont jamais été exécutés en une seule année sous Charles X, Louis-Philippe ou Napoléon ?

D'ailleurs, un des leurs en a fait l'aveu.

Le ministre des travaux publics s'écriait en effet le 3 août 1874, à la tribune du corps législatif :

« Jamais, à aucune époque, on n'avait livré dans une seule année un aussi grand nombre de chemins de fer à l'exploitation. »

Ce ministre avait raison.

La statistique officielle nous apprend que le *nou-*

veau réseau des six grandes compagnies compte aujourd'hui 1,600 kilomètres de plus qu'en 1869.

Le réseau des *Compagnies diverses* en compte 1,240 au lieu de 440.

En 1869, il y avait en France 16,470 kilomètres de chemins de fer.

Actuellement, il y en a en exploitation 18,784 d'intérêt général, soit 2,300 de plus.

Ce n'est pas tout. Il y a aujourd'hui 5,000 autres kilomètres de concédés.

De plus, les projets de concession pour 2,675 autres kilomètres de chemins de fer d'intérêt général seront prochainement soumis à l'Assemblée.

Nous aurons donc dans quelques années 27,000 kilomètres de chemins de fer d'intérêt général.

Enfin, on a concédé et déclaré d'utilité publique 4,177 kilomètres d'intérêt local.

Bref, nous aurons bientôt 30,564 kilomètres de chemins de fer d'intérêt tant général que local.

D'ici à cinq ans, notre infériorité vis-à-vis des autres puissances, qui est si grande, que les Etats-Unis à eux seuls ont près de 106,515 kilomètres de voies ferrées, cette infériorité sera moins palpable et nous aurons conquis dans le monde économique de l'Europe une place moins déshonorante et plus en rapport avec la supériorité incontestée de nos climats, de nos sols, de la variété de nos cultures et de nos richesses naturelles.

VII

Les industries de luxe sous l'Empire et la République.

De même que les travaux des chemins de fer sont poussés avec plus d'activité que sous l'Empire, de même l'industrie du luxe est plus prospère que par le passé.

Paris n'est pas moins brillant qu'autrefois.

Les courses sont fréquentées par un public aussi nombreux et aussi élégant.

Les restaurants de premier ordre sont aussi achalandés, les promenades ornées d'une foule aux toilettes aussi recherchées.

Les fournisseurs ont surhaussé les prix de leurs marchandises.

Les recettes des théâtres laissent loin derrière elles celles de l'Empire. Leur total, pour les théâtres de Paris, qui était de 18 millions en 1869, s'est élevé à 20 millions en 1872 et à 22 millions en 1873.

Cette augmentation des recettes des théâtres me semble l'indice le plus certain de la richesse publique.

Elle constate victorieusement que les Parisiens sont plus larges dans leurs dépenses de luxe et de superflu que sous l'Empire, et que ce sont leurs réalisations de bénéfices supérieurs qui leur permettent ces dispendieuses distractions.

VIII

Les valeurs de bourse sous l'Empire et la République.

Nous avons eu à solder bien des dépenses de guerre, bien des indemnités aux provinces envahies, bien des milliards à la Prusse, à payer 150 millions à la Banque de France, à contracter 6 milliards d'emprunts.

Notre 5 0/0 n'en est pas moins aujourd'hui à 100 francs. Il a même dépassé le pair.

Notre 3 0/0 est à 65 francs.

Or, si le 3 0/0 est aujourd'hui à 65 francs après trois ans de République, il a atteint sous l'Empire des cours beaucoup plus bas.

Ne l'avons-nous pas vu à 62,50 en mars 1854, à 64 en octobre 1855, à 60,30 en mai 1859, à 64,75 en octobre 1864 ?

Les emprunts de la guerre de Crimée n'ont-ils pas été faits à 65,25, ceux de la guerre d'Italie à 60,50, ceux de juillet 1870 pour la guerre de Prusse à 60 francs ?

Et pourtant, à ces époques, est-ce que le pays

avait été vaincu, envahi, rançonné, broyé par de colossales guerres civiles ou étrangères ?

Il avait fallu neuf ans pour que les emprunts de la Restauration s'élevassent au pair. Il n'a fallu que trois ans sous la République pour porter à 100 fr., au pair, le cours de nos immenses emprunts contractés à 82,50 et 84,50.

Il y a un an, nos fonds publics n'étaient cotés que comme ceux d'une nation qui n'est pas dans un état financier normal.

Aujourd'hui, l'élévation de notre 5 0/0 au pair nous place désormais parmi les nations dont le crédit est incontesté.

La France est redevenue, malgré l'ordre moral triomphant, une puissance financière de premier ordre, comme l'Angleterre, l'Allemagne, les États-Unis, la Russie, la Belgique, les Pays-Bas, la Suède, le Brésil, les riches colonies anglaises d'Asie, d'Amérique, d'Afrique et d'Océanie dont les finances sont si prospères.

Pour voir sa situation financière s'améliorer encore davantage, la France réclame avec force et une énergie soutenue un gouvernement stable et défini, et, au lieu d'une République provisoire, une République définitive.

Du jour, en effet, où les conspirateurs monarchistes seront mis dans l'impossibilité d'agiter la France, de troubler les affaires et le commerce, de nuire au crédit, d'effrayer les capitalistes par leurs complots, du jour où par la proclamation solennelle de la République, par son organisation politique, sociale et économique surtout, une sécurité inébranlable assurera la confiance aux projets, aux élaborations, aux évolutions de la production et des producteurs, — de ce jour, dis-je, notre 5 0/0 ne tardera pas à atteindre les cours de 110 et même 120 francs.

IX

L'agriculture sous l'Empire et la République.

Les principaux produits du sol français sont le blé, le vin, la viande, qui constituent la trinité alimentaire de nos populations.

Or, en la présente année 1874, nous avons été dotés de récoltes exceptionnelles.

Sous l'Empire, nous produisions en moyenne 80 millions d'hectolitres de blé. Nous en avons récolté cette année près de 130 millions.

Sous l'Empire nous produisions des récoltes de vins variant de 10 à 15, 20, 30, 40, 50 et même une année à 68 millions d'hectolitres. On parle pour cette année d'une récolte de 70 millions d'hectolitres.

Tous nos produits se vendent mieux que sous l'Empire. Dans le Calvados, par exemple, les éleveurs vendent aujourd'hui leurs bœufs vingt sous la livre, le mouton vingt-deux sous, le veau vingt-quatre sous. Eh bien, sous l'Empire, les plus hauts cours sur toutes les espèces de bétail n'avaient jamais dépassé dix-huit sous.

X

Exceptions à l'extension des affaires sous la République.

A toute règle, il y a des exceptions. Mais les exceptions confirment la règle.

De ce qu'il est incontestable que la production et la consommation se sont développées en France depuis la chute de l'Empire, et par cela même sa prospérité, il ne s'ensuit pas que des plaintes assez nombreuses ne soient pas exprimées par certaines industries et que ces plaintes ne soient pas légitimes.

Mais ces plaintes et ces souffrances constituent des exceptions au sein de la prospérité générale qu'elles confirment.

Il s'est opéré de nos jours, comme le disait récemment *le Moniteur financier*, sous l'influence surtout des chemins de fer et autres voies de communication, beaucoup de transformations dans l'écoulement des produits, dans la fabrication des matières premières en objets industriels, dans les habitudes commerciales.

Ces transformations n'ont pas nui en fin de compte, il est vrai, elles ont même été favorables à la richesse publique ; car il importe peu, au point de vue de la prospérité générale, c'est chose absolument secondaire que la production soit mise en contact avec la consommation par tel ou tel autre mode.

Mais ces transformations n'en ont pas moins eu pour conséquence le froissement d'intérêts nombreux et respectables.

Si elles enrichissent certains travailleurs, d'autres en souffrent.

Les intermédiaires, dont les nouveaux modes d'écoulement des marchandises ont supprimé ou amoindri le rôle et les bénéfices, souffrent et se plaignent avec raison.

La rapidité et la facilité des voyages ont généralisé l'habitude d'aller s'approvisionner dans les lieux de production ou dans les grands centres. Les négociants de province ou de l'étranger ne s'adressent plus souvent à des maisons intermédiaires et vont maintenant à la source des produits ou dans des maisons qui les attirent soit par des spécialités, soit par la grande variété de leurs assortiments de marchandises.

De là, des malaises chez certaines classes de travailleurs.

A Paris et autres grandes villes, il s'est aussi créé de grandes maisons réunissant dans leurs magasins des produits qu'on n'était pas encore habitué à voir réunis.

Cette tendance à l'agglomération des marchandises a pris les proportions les plus vastes.

On trouve, dans ces établissements d'une étendue colossale, des soieries, des lainages, draperies, toiles, châles et autres étoffes dont chacune faisait, dans certains quartiers. l'objet d'un commerce spécial ; on y trouve de la lingerie, de la confection, des meubles, chapeaux, chaussures, gants, porte-monnaie, de la parfumerie, tous les articles possibles et imaginables, tous articles qui sont achetés avec l'avantage que donnent les gros capitaux, vendus avec la modération que permettent les grandes affaires.

Ils accaparent les affaires au détriment des petites maisons, des maisons spéciales.

L'espace me manque pour étudier les moyens de réparer soit par la coopération, soit par des mesures administratives ou législatives, cette concurrence formidable faite aux petits commerçants, aux spécialistes.

Ceux-ci peuvent néanmoins atténuer cette situation désavantageuse en redoublant d'efforts pour satisfaire leurs clients, pour les mieux soigner, en surpassant dans les détails et les perfections les grosses maisons où les affaires se font par masses.

Je m'arrête à ces quelques exemples qui prouvent qu'il s'est opéré *un déplacement* dans les affaires, dans les intermédiaires du commerce, de l'échange, de la distribution des richesses achetées et vendues. Je pourrais en dire autant sur les transformations dans la fabrication.

Mais ce déplacement n'est qu'un déplacement.

Il n'empêche pas que la réduction du chiffre d'affaires des maisons spéciales soit largement compensée par le chiffre d'affaires des grandes maisons, qui s'élève à des proportions inconnues jusqu'à ce jour.

Du reste, il s'est accompli en tous temps *des déplacements* d'affaires. Les chemins de fer ont supprimé les diligences, les malles-postes et le travail de tous ceux qui en vivaient.

Les chemins de fer n'en ont pas moins, malgré des ruines particulières, décuplé la production et la consommation de l'Europe par une révolution économique qui doit changer peu à peu la face des deux mondes et *n'en est encore qu'à ses débuts.*

Elles ont été supprimées aussi ces grandes foires où les fabricants, les commerçants, allaient avec leurs produits au-devant, à la portée des acheteurs. Leur suppression a ruiné des villes et des particuliers, mais elle a profité à l'intérêt général. Aujourd'hui ce sont les acheteurs qui vont à la recherche des produits. (*Moniteur financier.*)

XI

L'industrie du bâtiment à Paris.

Il est une autre branche de l'industrie, spéciale à Paris, qui n'a pas participé à l'amélioration des affaires.

L'industrie du bâtiment n'a pas encore eu le temps de se relever de la misère où l'ont plongée les folies de l'Empire et les malveillances des monarchistes.

Il y a en moins à Paris 50 à 100,000 ouvriers que le bâtiment faisait vivre.

Le petit commerce se ressent douloureusement de l'absence de ces ouvriers et les recettes de l'octroi diminuent en conséquence.

Cette situation est en partie la conséquence d'une exagération de travaux qui a duré quinze ans.

Pendant quinze ans, en effet, on a abusé des constructions ; on a bâti à outrance, au delà de ce que demandaient les besoins et le bien-être de la population ; on a percé, sans compter et pour enrichir les agioteurs, de belles rues, de beaux boulevards ; on a bâti à tort et à travers ; on a prodigué dans des travaux de luxe, des embellissements de tous genres, les dépenses les plus insensées ; pour ces dépenses, on a pompé toutes les forces vives des campagnes, leurs capitaux et leurs ouvriers ; on a ainsi aggloméré dans les villes une partie des populations des campagnes, sans considérer la nécessité que cette agglomération imposait de lui créer sans cesse de l'occupation ; — alors, on a assisté successivement à la surélévation de toutes les dépenses de la vie résultant de l'augmentation des loyers et de toutes les

charges; la dette de Paris s'éleva à deux milliards;
le Crédit Foncier, qui avait secondé la transforma-
tion de Paris, devint créancier de sommes énormes,
dont le règlement souleva de vives discussions au
sein même du Corps législatif; la Compagnie Immo-
bilière, un des véhicules de la spéculation en matière
de terrains et de bâtiments, arriva à bout de res-
sources, elle ne servit plus l'intérêt de ses actions et
témoigna tous les indices d'une chute imminente.
(*Moniteur financier.*)

Comme on le voit, dès la fin de l'Empire, l'industrie du bâtiment était en souffrance.

Puis, l'Empire s'engagea follement dans la guerre
dynastique de Prusse.

La guerre civile, à laquelle les bonapartistes ne
furent pas étrangers, succéda à la guerre de Prusse.

Paris s'endetta encore davantage.

Et voilà pourquoi on ne bâtit plus que dans des
limites restreintes et dans des cas particuliers.

Sous l'Empire, en effet, on a bâti au delà de toute
proportion; la rente française rapporte 5 0/0; les
capitaux se sont exclusivement consacrés à nos
rentes, à la libération du territoire; l'argent em-
ployé à ériger encore de nouvelles maisons serait
exposé à des risques sous un gouvernement dont le
lendemain n'est pas assuré, sous une République
que les hommes de l'ordre moral se refusent à pro-
clamer.

Mais il faut tout dire : Rien ne serait plus facile
que de réveiller l'industrie du bâtiment. Il suffirait
de consacrer quelques millions à percer quelques
voies dont tout le monde reconnaît l'utilité.

Les terrains déblayés ne resteraient plus longtemps inoccupés et l'industrie du bâtiment repren-
drait une partie de ses travaux.

Cependant il y a lieu d'espérer que les souffrances de Paris auront un terme.

Outre que le triomphe de la République est
proche, l'administration elle-même reconnaît *enfin*
la nécessité de réveiller l'industrie du bâtiment par
des moyens à elle.

Elle s'est décidée à faire émettre par le conseil municipal un nouvel emprunt sur lequel quelques millions seraient employés à l'exécution de travaux dans la capitale.

Le conseil municipal verra si les moyens proposés par l'administration de l'ordre moral sont des moyens démocratiques et bien d'accord avec les intérêts de la population parisienne, si d'autres au contraire ne seraient pas dictés par une connaissance plus saine et moins bureaucratique des affaires.

XII

Les institutions monarchiques, les institutions démocratiques et le commerce.

La prospérité générale que nous venons de constater dans toutes les branches du travail national, à quelques exceptions près, et dont nous avons déterminé l'étendue, aurait été beaucoup plus importante, aurait pris des développements plus considérables sans la participation exclusive pour ainsi dire des monarchistes à la gestion des affaires publiques.

Depuis la chute de l'Empire, les monarchistes coalisés contre la République ont conservé et imposé à la France toutes les institutions et mesures des régimes monarchiques, c'est-à-dire des institutions essentiellement anti-républicaines.

Ces institutions de privilége, de monopole et de fiscalité ne cessent d'obérer et d'entraver le travail national, de nuire par conséquent aux classes ouvrières et commerçantes, pour le profit de quelques privilégiés et du fonctionnarisme, malgré les revendications légitimes que les conservateurs eux-mêmes, en leurs temps d'opposition, ont toujours formulées.

Elles ont même été aggravées et elles le sont tous les jours.

Des charges nouvelles et inconnues de nos concurrents étrangers frappent sans discontinuer l'ouvrier, le commerce et l'industrie, et s'opposent au plus grand développement de nos exportations et de notre prospérité intérieure.

Comme le faisait remarquer récemment le président de la Chambre de commerce de Montpellier, on élève les tarifs de nos chemins de fer, l'impôt de la petite vitesse, les droits de timbre, de statistique, de patente, etc.

On diffère les exécutions des travaux de nos ports d'exportation. On empêche la main-d'œuvre à bas prix et la production à bon marché. Notre outillage n'est pas aussi économique que celui de nos rivaux. Les impôts de consommation contribuent à renchérir les salaires.

Les Compagnies de chemins de fer abusent sous tous les rapports de leurs monopoles ; il y a dans leur exploitation une véritable révolution à accomplir.

Nos systèmes d'études inspirent des préjugés intellectuels contre l'exercice des professions commerciales. Nous voyons, pour ainsi dire, bannie de l'enseignement universitaire l'étude de la géographie, des langues vivantes, de l'économie politique, telle que la réclament les intérêts commerciaux. La France est dépourvue de ces écoles commerciales pratiques qui florissent en d'autres pays. Le commerce demande en vain depuis longtemps une réorganisation complète des consulats conforme à ses intérêts. On lui refuse la concurrence des canaux et des chemins de fer.

On lui refuse la construction de nouveaux canaux et l'entretien des anciens.

Que résulte-t-il de tout cela ?

Si nous consultons seulement nos exportations de draps, nous remarquons qu'elles sont peu importantes.

C'est que les Anglais produisent à plus bas prix que nous les draps communs et les Autrichiens les draps supérieurs. Les tarifs élevés de nos chemins de fer empêchent en outre la vente des nôtres et en limitent le rayon.

XIII

L'industrie vinicole et les institutions monarchiques.

Pour citer un autre exemple, — je pourrais les multiplier à l'infini, — on commettrait de même une grave erreur si l'on croyait que les traités de commerce ont augmenté nos exportations de vins.

Je sais bien que nous avons expédié pendant la période décennale (1827-1836) pour 1176 millions de vins, pendant celle (1851-1860) pour 1770 millions, pendant la dernière (1863-1872) pour 2863 millions.

Mais je n'ignore pas que, depuis les traités de commerce, les exportations ont baissé par *rapport à la production totale* de nos exploitations vinicoles. J'ai sous les yeux le tableau de notre production vinicole par année depuis l'avénement de Charles X. Il nous apprend que cette production n'a cessé de progresser annuellement, parallèlement à l'ouverture de nos voies de communication.

Or, en balançant la progression réciproque de notre production vinicole et de nos exportations, on voit que les exportations ont baissé de 6 0/0 de la production totale avant les traités de commerce à 5, 2 0/0 après les traités de commerce. Et pourquoi cela ?

Parce que les droits de douane sont encore excessifs et que nos vins paient en Angleterre 27,50 à 68,75 d'entrée par hectolitre ; parce que les fraudes de nos vins les discréditent ; parce que l'abaissement des droits d'entrée a été compensé et au delà par *leurs causes de renchérissement* qui sont l'oïdium, le phylloxera, l'accroissement de la consommation en France, et l'augmentation des impôts sur les boissons.

Est-ce que ces impôts qui produisaient 100 millions en 1847, n'ont pas produit 150 millions en 1859, 250 millions en 1869 et ne sont pas inscrits dans le budget de 1875 pour 355 millions ?

Est-ce que sur 50 millions d'hectolitres de vin que produit en moyenne la France, elle n'en consomme pas 48 millions, savoir : 15 millions en franchise, 28 dans le reste de la France et 5 en distillerie et vinaigrerie ?

Est-ce que dès lors il n'en reste pas que 2 millions à peine pour l'exportation ?

Est-ce que le prix moyen de l'hectolitre acheté en gros par les consommateurs n'a pas suivi la progression suivante pour les années 1850 à 1873 : 20 francs, 28, 34, 25, 27, 29, 40, 45 francs ?

Est-ce que le prix moyen du vin, chez le débitant, n'a pas été par période décennale de 36 francs l'hectolitre, sous la Restauration ; de 34, sous Louis-Philippe ; de 49 à 50, sous Napoléon III, et de 52 francs depuis le second Empire ?

Voilà pourquoi nos exportations de vins laisseront énormément à désirer, tant que la production et le commerce des vins, industries qui font vivre plus de 7 millions de Français, se feront sous l'empire des institutions, des lois monarchiques.

Les exportations de nos eaux-de-vie sont presque nulles pour les mêmes raisons que nos vins.

La fabrication en est de plus entourée de toutes sortes d'entraves.

XIV

Résumé et conclusion.

Le résumé et la conclusion de ce travail ne peuvent être bien longs.

Sous la République, on constate plus d'affaires et de prospérité que sous l'Empire.

Cette amélioration de la situation économique de la France s'est trouvée accomplie sous une République provisoire, malgré la perturbation causée dans les affaires par les agitations et les complots monarchistes, malgré des institutions et mesures monarchiques, anti-républicaines et anti-démocratiques, malgré les souffrances partielles que les monarchistes ont plus spécialement infligées à quelques industries.

Que l'on substitue à une République en l'air, d'expédients, flottante, d'aventures, sans constitution précise, stable et définie, une République de droit, forte, irrévocable, définitive, qui soit à l'abri des conspirations monarchiques, que les factieux ne puissent combattre sans tomber sous le coup des lois et de la justice, et qui fasse bientôt place à une République républicaine et démocratique; — et, de ce jour, une sécurité pleine et entière, des garanties solides et efficaces présidant au travail national, les affaires et le commerce prendront un développement de plus en plus considérable.

Le sort de la République et de leurs professions est entre les mains des citoyens.

J'estime aujourd'hui, comme il y a trois ans, que la dissolution *seule* de l'Assemblée peut sauver la France et la République.

Le devoir de tous les citoyens est donc de précipiter cette heure tant désirée en élisant des républicains démocrates à toutes les élections législatives, départementales et municipales qui se présenteront.

LE

BONAPARTISME ET LES PAYSANS

Par GAZEAU-DE VAUTIBAULT

Prix : **1** franc.

Cette brochure est le résumé de tout ce que l'Empire a fait contre l'Agriculture, l'Industrie agricole, les Cultivateurs et les Paysans.

Ouvrages de propagande de M. Gazeau-de Vautibault :

	Paris.		Par poste.		Le cent.	
	fr.	c.	fr.	c.	fr.	c.
LES COMPLOTS BONAPARTISTES DEPUIS LE 4 SEPTEMBRE 1870, 1re série.	»	15	»	20	11	25
— — 2e série.	»	15	»	20	11	25
— — 3e série.	»	15	»	20	11	25
— (Sous presse.) 4e série.	»	15	»	20	11	25
L'ASSEMBLÉE DE VERSAILLES............	»	15	»	20	11	25
LES BOURBONS ET LES D'ORLÉANS.......	»	30	»	40	22	50
L'EMPIRE ET LES PAYSANS	»	10	»	15	7	50
LES PAYSANS DE MAINE-ET-LOIRE, SARTHE, ORNE ET MAYENNE SOUS L'EMPIRE.....	»	25	»	30	18	75
RÉPUBLIQUE ET PROSPÉRITÉ	»	30	»	35	22	50

Pour paraître prochainement :

HISTOIRE

DE LA

FAMILLE D'ORLÉANS

Par GAZEAU-DE VAUTIBAULT

En un beau volume de 600 pages.

Paris. — Imp. P. LIBÉRAL et Cᵉ, rue Saint-Joseph, 20.